글 샌드라 마클

백 권이 넘는 어린이 논픽션 책을 썼다. 미국과학교사협회(NSTA)와 어린이도서협회(CBC) 선정 우수어린이도서,
미국서점연합(ABA) 추천도서, 미국도서관연합(ALA) 선정 주목할 만한 어린이책 등 여러 차례 큰 상을 받았다.
CNN과 PBS 방송에서 방영된 과학 다큐멘터리들을 제작했고, 국립과학재단의 후원으로
온라인 교육 프로그램을 제작해 상을 받기도 했다. 현재 사진작가인 남편, 고양이와 함께 뉴질랜드에서 살고 있다.

옮김 전미연

서울대학교 불어불문학과와 한국외국어대학교 통번역대학원 한불과를 졸업했다.
파리 3대학 통번역대학원(ESIT) 번역 과정을 수료했고, 오타와 통번역대학(STI) 박사 과정을 마쳤다.
한국외국어대학교 통번역대학원에서 가르쳤고, 현재는 미국에서 번역 작업을 하고 있다.
옮긴 책으로는 『종이 여자』 『사랑하기 때문에』 『겨울 아이』 『파피용』 『두려움과 떨림』 '작은 철학자' 시리즈 등이 있다.

로버트 스콧 남극에서 쓴 마지막 일기

2011년 7월 10일 제1판 1쇄 인쇄 | 2011년 7월 20일 제1판 1쇄 발행
지은이 샌드라 마클 | 옮긴이 전미연 | 펴낸이 김상미, 이재민
편집 김세희 | 디자인 이수현 | 종이 대흥지류유통(주) | 인쇄 청아문화사 | 제본 정원문화사
펴낸곳 너머학교 | 주소 서울시 마포구 서교동 375-13 성지빌딩 201호
전화 02)336-5131, 335-3366 팩스 02)335-5848 | 등록번호 제313-2009-234호

ISBN 978-89-94407-07-4 74900
ISBN 978-89-94407-32-6 74900(세트)

Animals Robert Scott Saw
Text ⓒ 2008 by Sandra Markle
All rights reserved.
First published in English by Chronicle Books LLC, San Francisco, California.

Korean Translation Copyright ⓒ 2011 by Beyond the School
Korean edition is published by arrangement with Chronicle Books LLC
through Imprima Korea Agency

이 책의 한국어판 저작권은 Imprima Korea Agency를 통해 Chronicle Books LLC와의 독점 계약으로 너머학교에 있습니다.
저작권법에 따라 한국 내에서 보호를 받는 저작물이므로 무단전재와 무단복제를 금합니다.

로버트 스콧

남극에서 쓴 마지막 일기

글 샌드라 마클 | 옮김 전미연

너머학교

마지막 남은 미개척지

사람들이 사는 곳에서 너무 멀리 떨어져 있어 아주 오랫동안 존재조차 몰랐던 땅이 있다고 생각해 보자. 겨울 동안은 얼음에 둘러싸여 있고 거의 온종일 어둡기 때문에, 여름에나 갈 수 있는 땅이다. 육지의 많은 부분 역시 1년 내내 얼음으로 뒤덮여 있고, 기후는 지구에서 가장 혹독한 곳. 바로 남극 대륙이다. 환경이 이토록 열악한 그 머나먼 땅을 로버트 팰컨 스콧은 왜 두 번씩이나 탐험했을까? 동물들이 스콧이 남극에 간 까닭과 깊은 관계가 있었고, 탐험 과정에도 큰 영향을 끼쳤다는 사실을 알면 아마도 깜짝 놀랄 것이다.

지구에서 가장 추운 땅

로버트 스콧이 이끄는 남극 원정대는 스코틀랜드의 던디를 떠나 지구에서 가장 춥고, 가장 건조하고, 가장 바람이 강한 남극 대륙에 도착했다. 2퍼센트를 뺀 대륙 전체가 얼음으로 덮여 있고, 작은 곤충과 벌레만 1년 내내 살 수 있는 땅이다.

남극 대륙에 대한 몇 가지 사실

- 지금까지 지구에서 기록된 최저 기온은 남극 대륙 내륙의 기온인 섭씨 영하 89.2도이다.
- 지구에 있는 깨끗한 물의 70퍼센트가 남극 대륙에 얼음으로 있다. 그리고 지구에 있는 얼음 90퍼센트 이상이 남극 대륙에 몰려 있다.
- 남극 대륙의 빙상이 전부 녹으면 지구에 있는 모든 바다의 해수면이 60미터에서 65미터쯤 높아질 것이다.

지구의 끝을 찾아서

1890년대부터 제1차 세계대전이 일어난 1914년까지 전 세계는 지구에 마지막으로 남은 미개척지들을 먼저 정복하기 위해 열띤 경쟁을 벌였다. 특별히 뜨거운 관심을 받은 곳은 북극 대륙의 북극점과 남극 대륙의 남극점, 두 곳이었다. 북극권 주변 나라에는 사람이 살고 있었기 때문에 탐험가들은 북극점에 대해서는 어느 정도 알고 있었다. 그러나 남극점을 탐험하기 위해서는 꽁꽁 얼어붙은 미지의 땅을 지나가야 했다. 당시에는 고래잡이 어선과 바다표범잡이 어선이 남극 대륙 근처까지 항해했을 뿐, 내륙까지 탐험한 사람은 아무도 없었다. 남극점 탐험가들은 미지의 땅으로 향했다.

고래와 바다표범을 잡아 어디에 쓸까?

1800년대에는 등잔용 고래기름의 수요가 아주 많았다. 가볍고 잘 구부러지는 고래의 뼈는 당시에 유행하던 후프 스커트 같은 여성복을 만드는 데 쓰기도 했다. 바다표범 가죽 역시 인기가 많았다. 하지만 오랫동안 전 세계 바다 곳곳에서 잡아들이다 보니 고래와 바다표범의 수가 엄청나게 줄어들었다. 어선들은 결국 남극 대륙 해역 같은 먼바다까지 나가서 잡을 수밖에 없었다.

탐험가로서 첫발을 내딛다

로버트 팰컨 스콧은 1868년에 태어났다. 탐험가들이 영웅 대접을 받고, 남극 대륙 탐험의 막이 오르던 무렵이었다. 1821년, 미국 코네티컷 주 뉴헤이븐 출신의 고래 사냥꾼 존 데이비스가 남극 대륙에 최초로 상륙했다고 공식 기록되었지만, 이 사실은 널리 알려지지 않았다. 1895년, 레너드 크리스텐슨과 함께 고래잡이배를 탔던 카스턴 보크그레이빈크는 자신이 남극 대륙에 최초로 발을 디딘 사람이라고 주장했다. 보크그레이빈크는 1899년에 헨리크 불이 한 영국 신문사의 후원을 받아 조직한 원정대의 일원으로 다시 남극 땅을 밟았다. 원정대가 탐사 목적으로 남극 대륙에 도착한 것은 역사상 처음이었다.

해군 대령 시절의 로버트 스콧

열여덟 살의 영국 해군 사관생도였던 스콧은 저명한 지리학자이자 영국 왕립 지리학회 회장인 클레먼츠 마컴 경과 우연히 만났다. 마컴 경은 총명하고 열정적인 스콧을 눈여겨보았고, 스콧이 해군에서 성장해 나가는 모습을 남다른 관심과 기대를 가지고 지켜보았다.

세월이 흘러, 마컴 경은 남극 대륙 원정대를 꾸리는 일을 맡았다. 디스커버리호라는 이름의 탐험선은 준비되었는데, 탐험대를 지휘할 사람은 찾지 못하고 있었다. 마컴 경은 서른두 살의 젊은 해군 대령 로버트 팰컨 스콧을 디스커버리호 대장으로 선택했다.

야생 동물을 그림에 담다

에드워드 윌슨은 디스커버리호에 군의관 보좌관으로 승선했다. 그는 의사이지만 재능 있는 화가이기도 했고, 새에 특별히 관심이 많았다. 윌슨은 스콧 대장과 함께 남극 대륙에서 최후를 맞은 사람으로 알려졌다. 하지만 남극 대륙의 야생 동물, 특히 펭귄을 연구하고 많은 그림을 그린 것으로도 유명하다.

눈썰매를 끌고 함께 탐험에 나선 개들

그린란드도그와 사모예드는 사람들이 썰매 끄는 개로 가장 흔히 선택하는 종이었다. 털이 이중으로 되어 있는데, 바깥쪽 거친 털은 물이 스며드는 것을 막아 주고, 부드러운 안쪽 털은 따뜻하게 몸을 덮어 준다. 그렇기 때문에 여름 기온도 영하에 가깝고, 겨울 기온은 평균 섭씨 영하 10도에서 영하 30도까지 떨어지는 남극 대륙에서 썰매를 끌기에 알맞다.

탐험 준비

스콧이 영국에서 탐험 준비 작업을 감독하는 사이, 디스커버리호가 남극으로 향하기 전에 물품을 실으러 들를 예정인 뉴질랜드에서도 탐험 준비가 이루어지고 있었다. 원정대와 같이 갈 개들은 디스커버리호보다 먼저 뉴질랜드에 도착해서 식량과 탐사 장비를 실은 무거운 썰매를 끌 수 있게 훈련을 받고 있었다. 1901년 7월 31일, 디스커버리호는 드디어 닻을 올리고 스코틀랜드를 떠났다. 배에는 탐험에 필요한 장비, 즉 각종 과학 실험 기구와 눈썰매, 텐트, 연료, 혹한에 대비한 장비, 원정대 47명의 2년 치 식량, 스콧 대장이 기르던 스캠프라는 스코티시테리어가 실렸다.

스캠프

뉴질랜드로 항해하는 도중 스콧의 원정대는 오스트레일리아에서 남동쪽으로 1천7백 킬로미터쯤 떨어진 매콰리 섬에 닻을 내리고 야생 동식물 탐사에 나섰다. 이 섬에서 그들은 난생처음 펭귄을 보았다. 집단 번식지에서 발견한 임금펭귄은 나중에 남극 대륙에서 발견하게 될 황제펭귄 다음으로 몸집이 큰 종이다. 흥분한 스캠프는 펭귄을 뒤쫓다가 도망쳤다가 하며 어쩔 줄을 몰라했다.

남쪽 바다 위의 새들

1901년 11월 29일, 디스커버리호는 뉴질랜드의 리틀턴 항구에 도착했다. 원정대는 한 달 정도 항구에 머물면서 배를 정비하고, 연료와 물품을 더 구해서 싣고, 썰매 끄는 개들도 실었다. 스콧은 스캠프가 남극 생활을 견디기 힘들 것이라 생각해 뉴질랜드 인 가족에게 맡겼다. 드디어 1901년 12월 21일, 증기선 다섯 대에 나눠 탄 사람들의 열렬한 환호를 받으며 디스커버리호는 남극 대륙을 향해 닻을 올렸다.

펭귄 무리

어데어 곶에 내린 스콧 대장은 아델리펭귄 수천 마리가 무리 지어 해안으로 다가오는 모습을 보았다. 펭귄들이 탐험대를 마중 나온 것은 물론 아니었다. 펭귄들은 자신도 먹고 새끼한테도 먹일 음식을 찾아 바다로 나가는 길이었다.

1902년 1월 초가 되자 디스커버리호 대원들은 남극이 멀지 않았다는 것을 알 수 있었다. 따뜻한 물에서는 볼 수 없었던 은풀마갈매기, 남극풀마갈매기, 눈새 같은 새들이 보이기 시작했기 때문이었다. 특히 윌슨은 날아다니는 새들을 넋을 잃고 쳐다보았다. 몇 시간이고 추운 갑판에 앉아 새들을 스케치한 뒤 따뜻한 선실로 들어와 물감으로 색을 칠해 새들이 살아 있는 것 같은 수채화 작품들을 완성했다.

1902년 1월 8일, 스콧과 대원들의 눈에 얼어붙은 남극 대륙의 해안이 처음으로 모습을 드러냈다. 디스커버리호는 보크그레이빈크의 탐험대가 겨울을 보냈던 어데어 곶에 도착했다. 얼마 후 다시 출항한 디스커버리호는 이내 바다에 떠다니는 얼음인 유빙에 둘러싸여 얼음을 밀어내면서 항해해야 했다.

얼음에 둘러싸인 디스커버리호

바다표범 스테이크와 펭귄 스튜

1월 말이 되자 해수면이 꽝꽝 얼어붙었다. 스콧은 맥머도 해협에 디스커버리호의 닻을 내렸다. 그곳에는 높은 산이 있어서 육지로 불어오는 거센 바람을 막아 주었다. 탐험대는 미리 잘라서 가져온 조립식 목재로 디스커버리헛이라는 오두막을 지었다.

갈수록 기온이 뚝뚝 떨어지자 디스커버리호 대원들은 옷을 여러 겹 껴입었다. 양모 속옷을 입고 양모 양말을 몇 켤레 덧신은 다음, 바지와 셔츠, 스웨터를 입고, 마지막으로 외투를 걸쳤다. 그들은 양 가죽으로 안감을 댄 늑대 가죽 장갑을 끼고, 푹신푹신한 털이 든 순록 가죽 부츠를 신었다. 야영을 해야 할 때는 순록 가죽 파자마를 입고 순록 가죽 침낭에서 잠을 잤다.

탐험대는 왜 순록 가죽을 좋아했을까?

순록 가죽은 보온성이 뛰어나기로 유명하다. 추운 북극 지방 생활에 알맞게 순록은 털이 아주 촘촘히 나 있다. 6제곱센티미터당 바깥쪽에는 긴 털이 평균 5천 개 정도, 안쪽에는 보들보들한 털이 1만3천 개 정도 나 있다. 이 털은 몸의 열이 밖으로 못 빠져나가게 하고, 차가운 바깥 공기는 안으로 뚫고 들어오지 못하게 한다.

남극 대륙에서 보낸 첫해

1902년 4월 23일, 태양이 지평선 아래로 사라지고 남극 대륙의 겨울이 찾아왔다. 넉 달이 지나야 태양이 다시 지평선 위로 떠오를 것이었다. 어둡고 추운 날씨에도 디스커버리호 원정대는 아주 바삐 움직였다. 개들에게 밥을 주고, 배를 정비하고, 난로의 불씨를 꺼뜨리지 않도록 신경 쓰고, 얼음을 녹여 마실 물을 준비했다. 기상 정보도 기록하고, 선실 하나를 온실로 만들어 샐러드에 넣을 겨자와 냉이 같은 채소도 직접 길렀다.

원정대의 생물학자 토머스 비어 호지슨은 5백 종이 넘는 해양 생물을 수집하면서 겨울을 보냈다. 그는 영국에 돌아가 박물관에 기증할 바다표범 두개골도 준비했다.

남극빙어

호지슨이 수집한 해양 생물 중에는 당연히 빙엇과에 속하는 물고기들이 있었다. 빙어의 핏속에는 쉽게 어는 것을 막아 주는 부동액과 비슷한 화학 물질이 들어 있어 오랫동안 얼음에 갇혀서도 살 수 있다.

조수 역할을 맡은 새우

호지슨은 바다표범의 두개골이 썩지 않게 가죽을 깨끗이 닦고 뼈에 붙은 살을 떼어 내야 했다. 쉽지 않은 일이었는데 호지슨은 새우를 활용할 방법을 찾아냈다. 바다표범의 머리를 그물망에 넣은 뒤 얼음을 깨고 바닷물에 집어넣었다. 그러면 물속의 새우가 다가와서 뼈에 붙은 살을 깨끗하게 떼어 먹었다.

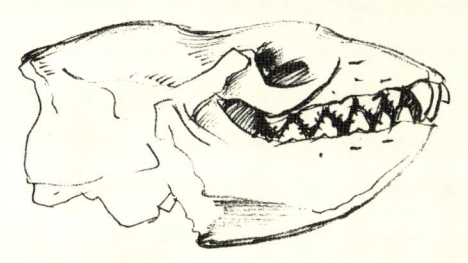

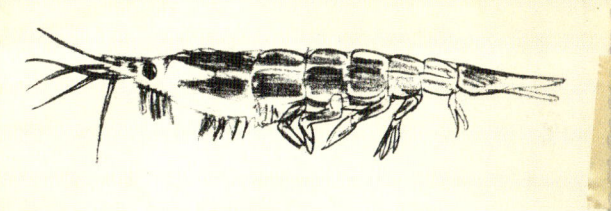

8월이 되어 태양이 지평선 위로 다시 떠오르자 스콧의 탐험대는 본격적으로 탐험에 나섰다. 크로지어 곶으로 탐사를 나갔던 팀은 황제펭귄 집단 번식지를 발견했다. 당시만 해도 황제펭귄에 대해 전혀 알려진 바가 없었다. 윌슨은 그곳에 남아 황제펭귄을 연구하고 그림을 그리고 싶은 마음이 굴뚝같았지만, 스콧 대장의 지시에 따라 남극점 원정에 나설 수밖에 없었다. 디스커버리호 탐험대의 최대 임무인 남극점 정복에 나설 시간이었다.

황제펭귄의 알

스콧 대장의 지휘로 일부 탐사대는 남쪽을 향해 힘겨운 이동을 시작했고, 나머지 대원들은 황제펭귄의 집단 번식지인 크로지어 곶으로 다시 돌아왔다. 그런데 번식 중이던 황제펭귄 무리는 온 데 간 데 없고, 펭귄 알만 한 개 덩그러니 눈 속에 반쯤 파묻혀 있었다. 과학 연구용으로 황제펭귄의 알을 수집한 것은 역사상 처음 있는 일이었다. 대원들은 알을 깨뜨리지 않고 조심스럽게 기지로 가지고 돌아왔다.

개척자들의 여름

1902년 11월 2일, 스콧과 윌슨, 어니스트 섀클턴은 남쪽을 향해 탐험에 나섰다. 식량과 장비를 실은 무거운 눈썰매들을 개 열아홉 마리에게 나눠 끌리니 이동은 한결 쉬웠다. 그런데 예상치 못한 문제가 생겼다. 스콧은 개들이 흔히 먹는 비스킷 대신 말린 생선을 디스커버리호에 싣고 왔다. 그런데 배가 뜨거운 열대 지방을 지나 남극 대륙으로 오는 동안 생선이 상해 버린 것이다. 상한 생선을 입에 대지도 않던 개들은 몸이 점점 약해져 끝내 목숨을 잃고 말았다. 겨우 살아남은 몇 마리도 썰매를 끌 수 없을 정도로 쇠약해져 결국 대원들이 직접 무거운 눈썰매들을 끌어야 했다.

어니스트 섀클턴   스콧 대장   에드워드 윌슨

따뜻한 털

상한 생선도 생선이지만 탐험대의 개들을 정말로 괴롭힌 문제는 따로 있었다. 이 개들은 본래 남극 대륙과 계절이 반대인 북극 지방에서 살았다. 남극 대륙이 겨울이면 북극 대륙은 여름이다. 개들은 보통 날씨가 더워지는 여름철에 털갈이를 하는데, 북극 지방의 기후가 몸에 배어 있다 보니 남극 대륙에 막 강추위가 몰아닥쳤을 때 털갈이를 시작했다. 다행히 몇 주가 지나자 개들의 몸이 새로운 기후에 적응하기 시작했고, 두껍고 보들보들한 속털도 다시 빠른 속도로 자랐다.

브라우니

디스커버리호 대원들은 함께 온 개들을 몹시 아꼈다. 스콧 대장은 성격이 유난히 온순한 썰매 끄는 개 브라우니를 각별히 아꼈다. 다른 개들이 눈 속에서 잘 때 브라우니만은 이따금 스콧 대장과 함께 텐트에서 자는 특별 대우를 받았다. 그토록 아끼던 브라우니가 죽자 스콧은 몹시 슬퍼했다.

남쪽으로 가는 길은 험난했다. 블리자드(심한 추위와 강한 눈보라를 동반하는 강풍)를 여러 번 만났다. 세 사람 모두 괴혈병에 걸려 몸이 약해지고, 관절이 붓고, 잇몸에서 툭하면 피가 났다. 윌슨은 얼음과 눈에 반사된 햇빛 때문에 일시적으로 눈을 뜰 수 없는 설맹으로 고생하기도 했다. 몸이 극도로 쇠약해진 데다 식량마저 떨어지자 세 사람은 결국 크리스마스 며칠 후에 기지로 돌아왔다. 비록 남극점에는 도달하지 못했지만 그들은 아무도 간 적이 없는 남극 대륙의 제일 남쪽까지 갔다 온 기록을 세웠다.

펭귄 아빠의 임무

짝짓기가 끝나면 암컷 황제펭귄은 남극 대륙의 겨울인 5월에서 6월 초 사이에 알을 하나 낳는다. 알을 낳느라고 온몸의 에너지를 써 버린 암컷은 먹이를 찾아 바다로 향한다. 수컷은 알을 발등에 올려놓고 아랫배의 주름진 피부로 감싸서 품는다. 이렇게 아빠가 서너 달 동안 따뜻하게 품고 있는 사이 알 속의 새끼는 무럭무럭 자란다.

얼음 위에서 보낸 둘째 해

1903년 2월 초에 스콧이 맥머도 해협으로 돌아왔을 때 항구에서 구조선 모닝호가 기다리고 있었다. 스콧이 이끄는 원정대가 돌아갈 시간이 되었다는 뜻이었다. 모닝호는 디스커버리호를 호위해 뉴질랜드로 돌아갈 예정이었다. 그런데 디스커버리호가 얼음에 갇히는 바람에 떠날 수 없었다. 모닝호는 결국 디스커버리호의 대원 몇 명을 태우고, 교대할 새로운 대원 몇 명과 신선한 물품을 내려놓은 뒤 영국으로 돌아갔다. 스콧은 남극 대륙에 남아 있을 수 있어서 기뻤다. 오는 여름에 한 번 더 탐험에 나설 생각으로 가슴이 부풀었다.

도둑갈매기는 세계에서 가장 남쪽 멀리 날아간 기록을 갖고 있다.

스콧은 대원들에게 겨울을 날 준비를 시켰다. 사냥 팀을 내보내 겨울 동안 먹을 바다표범과 새를 잡아오게 했다. 윌슨은 계속 그림을 그렸다. 박제 표본 같은 동물 초상화를 그리던 대부분의 화가와 달리, 그는 살아 움직이는 동물 모습을 그렸다. 하늘을 나는 남극의 새, 얼음 위에서 새끼에게 젖을 물리는 바다표범, 새끼를 키우는 황제펭귄 등 두 눈으로 직접 관찰한 동물들의 모습을 생생하게 담아냈다. 호지슨 역시 얼음 밑에 사는 해양 생물들을 잡아 연구를 계속했다.

새끼 황제펭귄

솜털이 보송보송한 새끼 황제펭귄은 수영을 못해 혼자 먹이를 구할 수 없다. 새끼는 부모가 배 속에 먹이를 담아 돌아올 때까지 육지에서 기다릴 수밖에 없다. 바다까지 나가 먹이를 구해 오는 부모를 오랫동안 기다리다 보면 새끼 펭귄은 배가 무척 고파진다. 하지만 먹이를 구하러 갔던 부모만 돌아오면 음식을 배불리 먹을 수 있다. 부모가 새끼 몸무게의 3분의 1에 달하는 많은 양의 음식을 배 속에서 토해 내 먹이기 때문이다.

겨울이 지나고 드디어 태양이 다시 떠올랐다. 스콧은 페라 빙하를 따라 서쪽으로 이동해 남극 평원에 도달하는 탐사 계획을 세웠다. 이번에는 썰매 끄는 개들을 기지에 남겨 두고 대원들이 직접 썰매를 끌 생각이었다. 탐사 준비가 진행되는 동안 윌슨은 황제펭귄 번식지에 다녀왔다. 수컷들이 알을 품고 있는 모습을 기대하고 갔는데 놀랍게도 훌쩍 자란 새끼 펭귄들이 기다리고 있었다. 그때까지는 남극 대륙의 겨울철에 부화하는 새가 있으리라고는 어느 누구도 상상하지 못했다.

1903년 10월 12일, 스콧은 지원 팀을 이끌고 탐사에 나섰다. 힘든 여정이었다. 거센 바람 때문에 며칠씩 텐트 안에 갇혀 지내야 했고, 썰매마다 활주부에 문제가 생겨 수리를 해야 했다. 어렵게 다시 이동을 시작한 지 얼마 되지 않아 대원 하나가 등을 다쳤다. 스콧은 대원들에게 문제가 생길 때마다 디스커버리호로 돌려보냈다. 1903년 11월 22일, 그와 함께 남은 대원은 에드거 에번스와 윌리엄 래실리, 두 사람뿐이었다. 식량이 떨어지자 스콧도 두 대원과 함께 기지로 돌아올 수밖에 없었다.

집으로

스콧은 귀항할 준비를 했다. 그는 대원들에게 어떻게든 얼음을 잘라 배가 떠날 수 있게 하라고 지시했다. 또한 만일의 경우에 대비해 비상식량을 구하기 위해 사냥 팀을 내보냈다. 사냥을 나간 대원들은 이번에는 아델리펭귄의 집단 번식지를 발견했다. 갓 낳은 펭귄 알들을 기지로 가지고 돌아와 디스커버리호 원정대 전체가 배불리 먹었다.

1904년 1월 초, 모닝호가 테라노바호라는 배를 거느리고 남극 대륙으로 돌아왔다. 배 세 척의 승무원들이 힘을 합한 끝에 겨우 얼음에 갇혀 꼼짝 못 하던 디스커버리호를 끌어낼 수 있었다.

레오퍼드바다표범

레오퍼드바다표범은 남극 대륙에서 범고래 다음가는 무시무시한 포식자로, 남극 대륙 바다에서 1년 내내 사는 제일 큰 바다표범 종류이다. 수컷보다 몸집이 큰 암컷의 경우 몸무게가 408킬로그램, 키는 4미터까지 자란다. 빠른 속도로 헤엄치며 무섭게 사냥하는 레오퍼드바다표범은 펭귄과 다른 바다표범들을 순식간에 뒤쫓아 가서 잡아먹는다.

1904년 9월, 스콧은 영국으로 돌아왔다. 그는 어느새 유명 인사가 되어 있었다. 사람들은 남극 대륙의 가장 남쪽에 도달한 기록을 세운 주인공을 만나고 싶어 했다. 또 펭귄과 각종 새, 범고래, 바다표범 등 남극 대륙에 살고 있는 야생 동물의 얘기를 듣고 싶어 했다. 남극 대륙의 야생 동물들을 생생하게 그림에 담은 윌슨의 전시회에도 사람들이 몰려들었다.

스콧은 영국에 돌아와서도 계속 해군으로 일했다. 시간이 흘러 결혼을 하고 아들을 낳았다. 그런데 어느 순간부터 다시 남극 대륙으로 돌아가고 싶은 바람이 꿈틀거리기 시작했다. 그러나 남극 대륙에 대한 영국 정부의 관심이 시들해진 상태에서 탐험 경비를 대겠다는 후원자를 찾을 수 없었다.

다시 남극 대륙으로!

1909년, 스콧이 이끈 원정대의 일원으로 남극 대륙에 다녀왔던 어니스트 섀클턴이 독자적인 남극 대륙 원정을 마치고 귀국했다. 비록 남극점에 도달하지는 못했지만 섀클턴의 탐험은 남극점 정복 경쟁에 다시 한 번 불을 지폈다. 이렇게 다시 남극에 대한 관심이 높아지자 스콧은 두 번째 남극 탐험의 후원자를 구할 수 있었다.

1910년 6월 15일, 스콧이 이끄는 원정대는 테라노바호를 타고 영국을 출발했다. 그들은 이번에도 뉴질랜드에 들러 식량과 장비, 썰매 끄는 개, 무거운 눈썰매를 끌 만주산 조랑말 들을 배에 실었다. 1910년 11월 29일, 스콧의 두 번째 남극 원정대는 남극 대륙을 향해 닻을 올렸다.

노르웨이 출신의 탐험가 로알 아문센이 이끄는 원정대 역시 남극 대륙을 향하고 있었다. 전 세계 언론은 두 탐험가의 남극점 정복 경쟁을 대대적으로 보도했다. 하지만 정작 스콧은 테라노바호의 원정 목적이 일차적으로 남극 대륙의 암석과 날씨, 야생 동식물 연구라고 밝혔다. 사실 스콧의 당초 계획은 크로지어 곶에 탐사 기지를 만든 다음 윌슨이 겨울 동안 황제펭귄을 연구할 수 있게 만들어 주는 것이었다. 그런데 크로지어 곶에 도착한 테라노바호의 앞을 높은 유빙이 가로막고 있어서 탐사대가 해안에 상륙할 수 없었다. 테라노바호는 맥머도 해협으로 방향을 바꿔 1911년 1월 4일, 에번스 곶에 닻을 내렸다.

얼음덩어리에 갇힌 테라노바호

각양각색의 해양 생물

테라노바호에 승선한 생물학자 데니스 릴리는 탐사 활동의 하나로 수많은 해양 생물을 수집했다. 커다란 새우와 다양한 종류의 물고기, 불가사리, 가재의 사촌 격인 남극 등각류를 잡았다. 그는 특히 해면에 관심이 많았다. 그가 잡은 해면 중에는 색깔이 화려한 빨간 남극 해면도 있었고, 유리해면이라는 이름으로 알려진 투명한 해면도 있었다. 유리해면에는 유리 조각 같은 실리카가 들어 있어 다른 해면과 달리 단단한 형체가 생긴다.

데니스 릴리와 그가 잡은 해면들

초등학생들이 스콧 탐험대를 위해 기부한 돈으로 시베리아산 개 33마리와 만주산 조랑말 19마리를 샀다.

만주산 조랑말들

스콧은 작지만 다부지고 힘이 센 만주산 조랑말들에게 눈썰매를 끌게 했다. 조랑말은 개보다 무거운 짐을 잘 끌고 추위에도 강하기 때문이었다. 하지만 제아무리 추위에 강한 조랑말이라도 남극 대륙의 추위는 견딜 수 없었다.

썰매를 끌고 이동하면서 하루에 한 사람이 먹었던 식량이다. 스튜에 넣을 고기, 설탕, 비타민 쿠키, 버터, 코코아, 차이다.

스콧과 대원들은 썰매 끄는 개들과 조랑말들을 데리고 기지를 떠났다. 오는 여름에 남극점 정복에 이용할 경로 중간 중간에 미리 식량과 장비를 갖다 놓기 위해서였다. 그러나 남쪽으로 향하는 길은 고난의 연속이었다. 비정상적으로 따뜻한 날씨가 계속되면서 눈이 부드러워졌기 때문에, 무거운 눈썰매를 끌던 조랑말들의 발이 눈 속에 자꾸 빠졌다. 스콧은 대원 몇 명을 에번스 곶의 오두막 기지로 보내 눈신을 가져오게 했다. 조랑말들은 눈신을 신고 썰매를 끌었다. 얼마 후에는 블리자드를 만나 3일 동안 꼼짝없이 텐트에 갇혀 있었다. 마침내 보급품을 중간 보급 기지 몇 곳에 나눠 놓고 탐험대는 기지로 향했다. 하지만 돌아가는 길도 결코 순탄치 않았다.
조랑말 몇 마리는 블리자드를 만나 목숨을 잃었고, 몇 마리는 해빙 위를 걷다가 얼음이 깨지는 바람에 물에 빠져 죽었다. 눈썰매를 끌던 개들은 눈다리(깊은 틈을 감추고 있는 얼어 있는 눈 덩어리)로 잘못 들어섰다가 다리가 무너지는 바람에 여덟 마리가 밧줄에 의지한 채 절벽에 매달리게 되었다. 목줄이 빠져 버린 개 두 마리는 결국 절벽 아래 튀어나온 바위로 떨어졌다. 대원들은 밧줄에 매달려 있는 개들을 안전하게 절벽 위로 끌어 올렸다. 스콧은 밧줄을 몸에 묶고 내려가 바위 위에 있던 개 두 마리를 구조했다.

조랑말 눈신

스콧 원정대의 장비 중에는 조랑말이 신는 특수한 눈신도 들어 있었다. 테니스 라켓 모양으로 생긴 눈신은 조랑말 발굽에 끈을 매서 고정한다. 사람이 신는 눈신처럼 조랑말이 신는 눈신도 몸의 무게가 발밑에만 실리지 않고 더 넓은 면적에 골고루 실리게 한다. 덕분에 조랑말은 부드러운 눈 속으로 발이 쑥쑥 빠지지 않고 더 쉽게 눈 위를 걸어갈 수 있었다.

황제펭귄이 몸을 따뜻하게 유지하는 비결

황제펭귄은 촘촘한 털과 털 아래 피부가 이중으로 추위를 막아 주는 데다 두꺼운 지방층까지 있어 몸을 따뜻하게 유지할 수 있다. 얼음에 서 있을 때는 발로 열이 빠져나가는 것을 막기 위해 발을 뒤로 젖히면서 뒤꿈치로 중심을 잡는다. 황제펭귄은 꼬리 깃털을 바닥에 대고 몸을 지탱하는데, 꼬리 깃털은 피가 흐르지 않아 열이 빠져나가지 않는다.

황제펭귄들을 찾아 나서다

6월 말, 윌슨은 앱슬리 체리 개러드, 매부리코 헨리 바우어스 대원과 함께 크로지어 곶의 황제펭귄 집단 번식지를 찾아 위험한 탐사 길에 올랐다. 그들은 강추위와 어둠 속에서 19일을 걸었다. 드디어 펭귄들의 울음소리가 들려왔다. 그들은 소리가 올라오는 절벽까지 걸어갔다. 절벽 아래, 얼음으로 뒤덮인 바다 위에 빽빽이 모여 있는 황제펭귄이 보였다. 세 사람은 힘들게 절벽을 타고 내려갔다. 이렇게 그들은 알을 품고 있는 수컷 황제펭귄의 모습을 최초로 보았다.

그들은 다시 절벽으로 올라와서 바위와 눈으로 이글루를 쌓은 다음 텐트를 덮어 지붕을 만들었다. 이 안에서 쉰 다음 에번스 곶으로 돌아갈 계획이었는데, 그만 무서운 눈 폭풍이 불어닥쳐 이글루의 지붕이 찢겨 날아가 버렸다. 그들은 침낭에 들어가 몸을 웅크린 채 혹한을 견디다가 폭풍이 멎고 나서야 기지로 돌아왔다.

개와 조랑말

개와 달리 조랑말은 땀을 흘린다. 스콧은 조랑말들이 혹한 속에서 눈썰매를 끌다 보면 얼어 죽을지도 모른다고 생각해 기온이 올라가기를 기다렸다 남극점 탐험에 나섰다. 출발이 늦어지면서 스콧은 소중한 시간을 잃었다. 스콧 탐험대가 로알 아문센 탐험대처럼 개를 이용했더라면 훨씬 쉽게 남극점에 다다랐을 것이라고 많은 역사학자가 믿고 있다.

남극점을 향해 출발

해가 다시 떠오르고 날이 길어지자 스콧의 원정대는 남극점 정복을 위한 준비에 들어갔다. 1911년 11월 1일, 스콧과 열한 명 대원들은 꼭 성공할 것이라고 기대하면서 눈썰매를 끄는 조랑말, 개들과 함께 기지를 나섰다. 대원 넷은 엔진이 달린 썰매들을 끌고 이미 남극점으로 출발한 뒤였다. 스콧은 엔진을 단 썰매가 있으면 동물들이 혹독한 날씨에 고생할 필요가 없다고 믿었다. 그런데 이 눈썰매들은 금방 고장 났고 수리도 할 수 없었다. 조랑말과 개와 함께하는 탐험대는 힘겹게 앞으로 나아갔다. 그러나 쉴 새 없이 폭풍이 불어 왔고, 매서운 바람과 함께 눈보라가 휘몰아쳐 눈이 산더미처럼 쌓였다. 조랑말은 차례로 병이 나서 결국에는 모두 목숨을 잃었다. 1911년 12월 8일, 개들과 대원들만 남아 눈썰매를 끌기 시작했다.

세계 최대의 비어드모어 빙하에 도착한 스콧은 개들이 빙하를 오르는 건 무리라고 판단했다. 개와 함께 이동하던 대원들에게 디스커버리호 탐사 시절에 지은 디스커버리헛에 가서 기다리라고 지시했다. 남극점 탐험을 마치고 지쳐서 돌아올 자신과 다른 대원들을 도우라는 것이었다.

스콧을 포함한 여덟 명의 탐사 팀은 식량과 장비를 실은 눈썰매 두 개를 끌고 남극점을 향해 계속 이동했다. 1912년 1월 4일, 스콧은 또 다른 대원 세 명에게 디스커버리헛으로 가라고 명령한 뒤, 남은 네 명, 즉 에드워드 윌슨, 에드거 에번스, 로런스 오츠, 헨리 바우어스와 함께 썰매를 끌고 남극점으로 향했다.

디스커버리헛

디스커버리헛으로 향하던 대원 세 명의 여정도 예상과 달리 순탄하지 않았다. 그들은 블리자드에 갇혀 3일 동안 꼼짝도 할 수 없었다. 게다가 대원 한 명은 괴혈병에 걸리고 말았다. 두 명이 아픈 동료를 썰매에 태우고 끌면서 이동하다가 힘에 부쳐 도저히 움직일 수 없게 되자, 한 사람은 남아서 아픈 동료를 돌보고 한 사람은 디스커버리헛에 가서 도움을 요청하기로 했다. 동료 둘을 뒤에 남기고 떠난 대원은 디스커버리헛에 도착해 먼저 와 있던 대원들을 만났다. 그들은 함께 돌아가 두 대원을 무사히 구했다.

3월 초, 개들과 함께했던 대원들은 스콧 대장의 탐사 팀과 만나기로 약속한 중간 보급 기지를 향해 출발했다. 그러나 6일을 기다렸지만 스콧과 대원들은 나타나지 않았다. 그들은 스콧과 함께 떠났던 대원들이 목숨을 잃은 게 틀림없다고 판단하고 에번스 곶으로 돌아와 아주 슬픈 겨울을 보냈다.

에드워드 윌슨　　로버트 스콧　　에드거 에번스　　로런스 오츠　　헨리 바우어스

스콧과 함께한 최후의 대원들

도전과 용기로 세상을 바꾸다

1912년 11월 12일, 테라노바호의 수색 팀은 스콧과 윌슨, 바우어스의 시신을 발견했다. 약속 장소인 중간 보급 기지에서 남쪽으로 불과 17킬로미터 떨어진 곳이었다. 텐트에서 그동안 쓴 일기와 편지도 함께 발견되었다. 이 일기와 편지로 수색 팀은 그들이 1912년 1월 17일에 남극점에 도달했다는 사실을 확인할 수 있었다. 그러나 로알 아문센이 먼저 도착해 노르웨이 국기를 꽂고 돌아간 뒤였다. 스콧의 탐험대보다 35일 앞선 기록이었다.

극도로 쇠약해진 스콧과 대원들은 실망감까지 겹쳐 힘겹게 기지로 발걸음을 옮겼다. 2월 중순, 추위와 배고픔, 괴혈병을 견디다 못한 에드거 에번스가 먼저 목숨을 잃었다. 나머지 대원들은 아주 천천히, 하지만 쉬지 않고 계속 이동했다. 다음 달, 쇠약해진 몸으로 더 버티지 못하리라고 판단한 오츠는 폭풍 속으로 걸어 들어가 최후를 맞았다. 오츠의 죽음으로 남은 대원들에게 식량이 조금씩 더 돌아갔지만, 결국 남은 식량마저 다 떨어지고 말았다. 혹한을 견디지 못하고 결국 스콧과 윌슨, 바우어스도 목숨을 잃었다. 수색 팀은 시신을 찾아 명복을 빈 뒤 그들을 남극의 눈 속에 남겨 두고 돌아갔다.

1913년 1월 13일, 테라노바호 원정대의 생존한 대원들과 개들은 뉴질랜드로 돌아왔다. 스콧 대장의 일화는 순식간에 전 세계에 알려졌다. 남극점에 먼저 도달하는 영예를 누린 사람은 아문센이었지만, 로버트 스콧의 헌신적인 노력은 사람들에게 깊은 감동을 주었다. 그와 그의 대원들이 보여 준 용기에 힘입어 사람들은 또 다른 외진 곳을 탐험하러 떠났다. 그러나 스콧이 세상을 떠난 뒤 1956년까지 다시 남극점을 찾은 탐험가는 없었다. 오늘날 많은 과학자가 남극점에서 연구를 하고 있다. 일부 과학자는 아문센-스콧 기지에 1년 내내 머물면서 연구에 몰두하고 있다.

마지막 발견

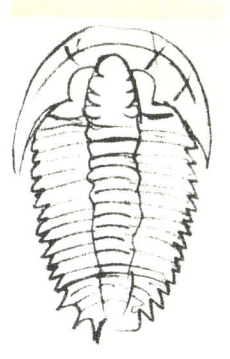

수색 팀은 스콧의 탐사 팀이 남극점으로 가는 길에 수집한 16킬로그램에 달하는 암석들을 기지로 가지고 돌아왔다. 이 암석들 속에서 발견된 화석들을 통해 2억5천만 년 전에는 남극 대륙이 무성한 삼림이었다는 사실을 알아냈다. 훗날 과학자들은 남극 대륙에서 초식 공룡과 육식 공룡의 화석들도 발견했다.

로스 빙붕(남극 대륙과 이어져 바다에 떠 있는 300~900미터 두께의 얼음 덩어리)의 서쪽을 따라 남극점을 향해 올라간 스콧은 동쪽 경로로 간 아문센보다 훨씬 힘든 날씨 속에 이동할 수밖에 없었다. 준비 부족까지 더하면 스콧 탐험대가 아문센 탐험대보다 늦게 남극점에 도착한 것은 당연한 결과였을지도 모른다.

우리나라
- 1894년 동학 농민 운동
- 1897년 대한 제국 성립
- 1905년 을사조약 체결
- 1910년 국권 피탈
- 1919년 3·1 운동

세계
- 1894년 청일 전쟁
- 1909년 피어리 북극점 탐험
- 1911년 로알 아문센 남극점 도달
- 1912년 로버트 스콧 남극점 도달
- 1914년 제차 세계 대전
- 1917년 러시아 혁명
- 1939년 제2차 세계 대전

| 아이에게 들려주세요 당시 우리나라에서는 |

조선의 운명이 위태로워지다

19세기부터 서양은 전 세계를 탐험하기 시작했다. 고고학, 인류학 등 유럽 아닌 세계를 주요 대상으로 하는 신흥 학문들이 이 시기에 탄생했다. 서양은 당장 이익이 되지 않는 탐험과 발견에도 열을 올렸다. 1909년 피어리의 북극점 탐험에 이어 이듬해 스콧의 남극 원정이 이루어진 것은 그 일환이었다.

그 무렵 한반도는 제국주의 열강의 간섭과 침탈에 이리저리 떠밀리고 있었다. 특히 일본이 가장 그악스럽게 굴었다. 1876년 강화도 조약으로 조선의 문호를 개방한 일본은 곧바로 조선을 집어삼키려 했다가 조선과 중국 청나라의 반발로 한 걸음 뒤로 물러났다. 그러나 1894년에 동학 농민 운동을 계기로 일본은 다시 조선에 들어왔고 청나라와의 전쟁에서 이겼다.

하지만 서양 열강의 간섭을 받아 잠시 조선에서 손을 뗄 수밖에 없었다. 조선으로서는 중국의 영향도 떨쳐냈고 일본도 물러간 좋은 기회였으나 민씨 세력은 독립과 자립을 꾀하기는커녕 또 다른 세력에게 의탁하려 했다. 바로 러시아였다.

19세기 내내 1년 내내 얼지 않은 항구를 찾았던 러시아는 한반도에서 그 꿈을 이루고자 했다. 일본에 대한 열강의 간섭을 주도한 것도 러시아였다. 일본은 정식 군대를 동원하기 어려운 상황이었으므로 1895년에 깡패들을 동원해 조선의 궁궐을 기습했다. 이 사태로 명성왕후가 살해당하자 조선 민중은 각지에서 의병을 일으켜 반일 항쟁에 나섰다.

이때 우리 역사상 가장 수치스러운 사건이 발생했다. 고종이 러시아 공사관으로 피신해 거기서 1년 가까이 지냈다. 이것을 아관파천이라고 한다. 1897년 조선은 대한제국으로 이름을 바꾸었고 고종은 황제가 되었으나 여전히 자립의 의지와 독립의 능력을 보여 주지 못했다. 더욱이 고종은 의회를 창설하자는 독립협회의 제안을 거부하고 민중이 주최한 만민공동회를 탄압했다. 만약 그때 형식적인 의회라 해도 의회가 창설되었더라면 일본이 조선을 강제 합병하는 데 상당한 부담이 되었을 것이다. 의회는 주권이 국왕에게만이 아니라 국민에게도 있다는 것을 의미하므로 합병에는 의회의 동의도 필요했기 때문이다.

1905년 일본은 러시아마저 전쟁에서 물리치고, 결국 조선은 1910년에 일본에 합병되었다. 40년의 세월과 두 차례의 세계 대전이 지나고 나서야 비로소 해방을 맞이할 수 있었다. 그 뒤 분단과 전쟁이라는 비극을 겪기도 했지만 정치, 경제, 문화 여러 면에서 크게 변화했다. 1988년 2월에 서남극해에 있는 킹조지 섬에 남극세종과학기지를 세워 지질학과 생물학, 환경 변화에 관한 연구를 하고 있다.

글 남경태 (『역사 : 사람이 알아야 할 모든 것』의 저자)